Vorwort

Smoothies im Winter? Na klar! Schließlich kriegen wir
mit Smoothies vieles, was unserer Gesundheit nützt.
Wenn es draußen kalt und nass ist, müssen wir unser
Immunsystem ja erst recht mit Vitaminen und Bioaktiv-
stoffen aus Gemüse und Obst versorgen, damit wir ohne
Erkältung durch die kalte Jahreszeit kommen. In beheiz-
ten Räumen brauchen wir reichlich Flüssigkeit, sonst
sind die Atemwege gereizt.

Aber Smoothies sollen doch kühl bis eisig serviert werden?! Keineswegs – die meisten schmecken viel besser
mit zimmerwarmen Zutaten, manche sogar richtig
heiß. Kaltes empfinden wir zwar als erfrischend, doch
darauf können wir bei frostigem Wetter gut verzichten.
Verschiedene Düfte und Geschmacksnuancen dagegen
nehmen wir temperiert viel intensiver wahr. Außerdem
entwickelt Winterobst – Äpfel und Birnen, Orangen,
Grapefruits, Bananen und andere exotische Früchte –
sein feines Aroma am besten bei Zimmertemperatur.

Viel Spaß beim Mixen und Genießen wünscht Ihnen

Ihre Barbara Rias-Bucher

PS: Weitere Rezepte finden Sie in meinen Ratgeber
»Smoothies für Körper, Geist und Seele«.

Inhalt

Barbara Rias-Bucher

Winter Smoothies

Gesunder Genuss in der kalten Jahreszeit

Kompakt-Ratgeber

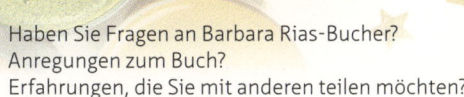

Haben Sie Fragen an Barbara Rias-Bucher?
Anregungen zum Buch?
Erfahrungen, die Sie mit anderen teilen möchten?

Nutzen Sie unser Internetforum:
www.mankau-verlag.de

Impressum

Bibliografische Information der Deutschen Nationalbibliothek
Die Deutsche Nationalbibliothek verzeichnet diese Publikation in der
Deutschen Nationalbibliografie; detaillierte bibliografische Daten sind
im Internet über http://dnb.d-nb.de abrufbar.

Barbara Rias-Bucher
Winter-Smoothies – Gesunder Genuss in der kalten Jahreszeit
Kompakt-Ratgeber
ISBN 978-3-86374-181-5
1. Auflage Oktober 2014

Mankau Verlag GmbH
Postfach 13 22, D-82413 Murnau a. Staffelsee
Im Netz: www.mankau-verlag.de
Internetforum: www.mankau-verlag.de/forum

Redaktion: Julia Feldbaum, Augsburg
Endkorrektorat: Susanne Langer M. A., Traunstein
Cover/Umschlag: Andrea Barth, Guter Punkt GmbH & Co. KG, München
Energ. Beratung: Gerhard Albustin, Raum & Form, Winhöring
Layout: X-Design, München
Satz und Gestaltung: Lydia Kühn, Aix-en-Provence, Frankreich

Abbildungen/Fotos: Elenathewise - Fotolia.com (4, 6/7); Hemeroskopion - Fotolia.com (5, 56/57); Szabolcs Szekeres - Fotolia.com (5, 80/81); denio109 - Fotolia.com (5, 100/101); Printemps - Fotolia.com (8); st-fotograf - Fotolia.com (11); sorcerer11 - Fotolia.com (12); amenic181 - Fotolia.com (14); Comugnero Silvana - Fotolia.com (16); Richard Villalon - Fotolia.com (21); Dirima - Fotolia.com (4, 22/23); Barbara Rias-Bucher (25, 33, 45, 49, 53, 61, 62, 88, 103, 111, 113, 117, 125); michaelstockfoto - Fotolia.com (27); HandmadePictures - Fotolia.com (28); Lilyana Vynogradova - Fotolia.com (29); vanillaechoes - Fotolia.com (35, 105); isuaneye - Fotolia.com (37); DIA - Fotolia.com (39); emmi - Fotolia.com (41); umberto leporini - Fotolia.com (43); IngridHS - Fotolia.com (47, 109); teleginatania - Fotolia.com (51); ellisac - Fotolia.com (55); Africa Studio - Fotolia.com (59); Corinna Gissemann - Fotolia.com (65); istetiana - Fotolia.com (69); cookiecutter - Fotolia.com (71); sarsmis - Fotolia.com (73, 91); Brent Hofacker - Fotolia.com (75); Boris Ryzhkov - Fotolia.com (79); Viktorija - Fotolia.com (83, 92, 123); photoanatomy - Fotolia.com (85); Vankad - Fotolia.com (87); Peredniankina - Fotolia.com (95); StefanieB. - Fotolia.com (97); tanjichica - Fotolia.com (98); pashyksv - Fotolia.com (107); Jason Murillo - Fotolia.com (115); A_Bruno - Fotolia.com (119); muh23 - Fotolia.com (121)

Druck: Westermann Druck Zwickau GmbH, Zwickau/Sachsen

»Ich bin ein Öko-Buch!«
Das im Innenteil eingesetzte EnviroTop-Recyclingpapier wird ohne zusätzliche Bleiche, ohne optische Aufheller und ohne Strichauftrag produziert. Es besteht zu 100 % aus recyceltem Altpapier und entstammt einer CO_2-neutralen Produktion. Das Papier trägt das Umweltzeichen »Der blaue Engel«.

Hinweis für die Leser:
Die Autorin hat bei der Erstellung dieses Buches Informationen und Ratschläge mit Sorgfalt recherchiert und geprüft, dennoch erfolgen alle Angaben ohne Gewähr. Verlag und Autorin können keinerlei Haftung für etwaige Schäden oder Nachteile übernehmen, die sich aus der praktischen Umsetzung der in diesem Buch vorgestellten Anwendungen ergeben. Bitte respektieren Sie die Grenzen der Selbstbehandlung und suchen Sie bei Erkrankungen einen erfahrenen Arzt oder Heilpraktiker auf.

Smoothie-Theorie

Winter-Smoothies helfen uns, in der kalten

Jahreszeit fit und bei Kräften zu bleiben.

Wie das geht, erfahren Sie in diesem Kapitel.

Wärmende Smoothies

Mit dem Herbst kommt oft auch das Frösteln: Obwohl es draußen noch gar nicht richtig kalt ist, sehnen wir uns nach kuscheliger Wärme. Natürlich müssen Sie dann nicht lauter heiße Smoothies trinken. Es gibt sehr viele Lebensmittel, die dem Organismus Wärme geben, und eine ganze Reihe davon passen ausgezeichnet zu Smoothies. Nüsse, Mandeln und die typischen Weihnachtsgewürze Zimt, Nelken, Anis und Muskat gehören dazu. Auch scharfe Gewürze wie Chili oder Ingwer heizen uns ein, weil sie physiologische Prozesse beschleunigen. Kombiniert man sie mit saftigem Obst oder Gemüse, stellt sich das Gleichgewicht ein, das wir als angenehm empfinden: Ein guter Winter-Smoothie vertreibt die klamme Kälte, ohne dass es zu unangenehmen Hitzewallungen kommt.

Es gibt einige Gewürze, die an kalten Tagen Wärme schenken.

INFO

WELCHE FLÜSSIGKEIT IST DIE BESTE?

○ Klares Wasser eignet sich für jeden Smoothie. Falls das Trinkwasser in Ihrer Region gut schmeckt, nehmen Sie es aus der Leitung. Sonst mixen Sie mit natriumarmem Mineralwasser.

○ Obstsäfte sorgen im Winter für Abwechslung im Geschmack, denn das Angebot an frischen Früchten ist ja nicht so vielfältig wie im Sommer. Zudem ist exotisches Obst guter Qualität ziemlich teuer und nicht überall zu bekommen. Wählen Sie jedoch nur Säfte ohne Zuckerzusatz mit 100 Prozent Fruchtanteil. Säfte sollten Sie nur in kleineren Mengen als geschmackliche Ergänzung zu Obst, Gemüse und Wasser nehmen, nicht als Grundlage für den Smoothie.

○ Gemüsesäfte geben ebenfalls ein interessantes Aroma und lassen sich wunderbar mit frischem Obst kombinieren.

○ Joghurt, Buttermilch und Dickmilch machen den Smoothie nahrhafter, liefern Kalzium für gesunde Knochen und Milchsäurebakterien für eine gute Verdauung. Für vegane Smoothies eignen sie sich nicht (nehmen Sie stattdessen Kokos- und Sojaprodukte!).

Weihnachtliche Smoothies

Im Dezember macht der Winter am meisten Spaß. Wir lieben es, durch den Schnee zu stapfen, freuen uns über Eisblumen am Fenster und genießen die Muße, die uns die stillen Wochen des Jahres schenken. Ein gemütlicher Adventsnachmittag mit den ersten selbst gebackenen Plätzchen, ein früher Winterabend bei Kerzenschein und leiser Musik lässt uns innehalten in all der Hektik, die – leider – eben auch zur Vorweihnachtszeit gehört. Für solche Ruhepunkte schlage ich Ihnen feine Smoothies vor, die Punsch und Glühwein wunderbar ersetzen können. Sie sind mit den sanften Gewürzen gemixt, die wir jetzt so gerne mögen – und schmecken auch Kindern, weil fast alle ohne Alkohol zubereitet sind.

Weihnachts-Smoothies enthalten natürlich genauso viel Obst wie die »normalen« Smoothies. Dazu kommen noch spezielle Zutaten, die für die meisten Menschen einfach zu diesem Fest gehören: Lebkuchen und

TIPP

Einige der Smoothies im Weihnachts-Special kann man rasch in ein Dessert verwandeln, indem man sie auf Eiscreme, einer Scheibe Honigkuchen, ein paar zerkrümelten Makronen oder Obstsalat mit winterlichen Früchten anrichtet.

Makronen, Granatapfel und Zitrusfrüchte, Nüsse und Schokolade. Alle diese Weihnachts-Smoothies passen genau wie Tee oder Kaffee zu süßen und herzhaften Delikatessen. Zu Früchtebrot und Stollen natürlich, zum bunten Plätzchenteller, zur Konfektschale und üppigen Weihnachtstorte. Aber auch zu Räucherlachs-Brötchen, Sandwichs und Canapés, Omas edlen Schnittchen, die wieder im Trend liegen. Ein netter Gag ist der Linsen-Smoothie (Seite 78), den Sie auch als kleinen Imbiss servieren können: Linsen zu Weihnachten bringen nämlich Glück. Weil sie wie kleine Münzen aussehen und deshalb Sinnbild für ein reich gefülltes Portemonnaie sind.

Smoothies peppen den Weihnachtsteller auf:
mit Frische und wertvollem Inhalt!

Vegane Smoothies

Nach den Feiertagen mögen wir es nicht mehr so üppig. Da sind vegane Smoothies genau richtig. Denn vegane Ernährung verzichtet auf alle Nahrungsmittel, die in irgendeiner Verbindung mit Tieren stehen. Da auch Fett und Süßes nur in Maßen verwendet werden, ist vegane Ernährung besonders leicht bekömmlich.

Vegane Smoothies lassen sich ganz problemlos mixen. Denn die Basiszutaten von Smoothies sind ohnehin vegan: Gemüse, Obst, Kräuter, Nüsse, Samen, Wasser und Gewürze. Eier müssen nicht sein, Milchprodukte ersetzt man durch Soja und/oder Kokos. Bedenken Sie aber, dass auch Honig für strenge Veganer tabu ist. Denn Honig wird von Bienen sozusagen für den Eigenbedarf produziert, und wir Menschen entziehen den Tieren die Nahrungsgrundlage, wenn wir mit Honig süßen.

TIPP

Nützen Sie die Kräfte der Natur, um fit zu bleiben: Zwei Smoothie-Kuren für Fitness finden Sie ab Seite 18.

Vitaminreiche Smoothies

Was macht uns im Frühling eigentlich so schlapp? Die Sonne steigt, die Tage werden länger, die Vöglein sind putzmunter, und nur wir Menschen fühlen uns oft regelrecht ausgepumpt. Der Grund ist einerseits Vitaminmangel und andererseits ein Zuviel an Stoffen, die der Organismus in den lichtarmen Monaten angesammelt hat und die ihn nun belasten. Es geht also um eine gesunde Balance: Vitalstoffe aufnehmen, Schlacken ausscheiden. Diesen Prozess setzen Sie mit Smoothies ganz einfach in Gang. Erstens regulieren Sie den Säuren-Basen-Haushalt: Im Winter enthält unsere Ernährung meist viel Fleisch, Fisch, Käse. Weihnachten schwelgen wir geradezu in Süßem. All das macht unseren Organismus »sauer«. Obst, Gemüse und Kräuter dagegen sind basisch. Smoothies können also wieder ein gesundes Gleichgewicht herstellen. Zweitens sichern Smoothies den Nachschub an Vitaminen und Mineralstoffen. Denn selbst bei gesunder Kost und ganz bewusster Ernährung bekommen wir in den Wintermonaten nicht so viele Vitalstoffe wie im Sommer. Zudem scheidet der Körper beim Entgiften ja nicht nur Schädliches aus, sondern verliert auch Nützliches. Smoothies sorgen für den Ausgleich. Drittens geben sie dem Organismus die Flüssigkeit, die er beim Entschlacken braucht. Viele Menschen – vor allem Kinder und Senioren – trinken nicht genug. Ein Smoothie zwischendurch löst das Problem.

DIE »FÜNF-AM-TAG-REGEL«

Die Deutsche Gesellschaft für Ernährung empfiehlt, mindestens drei Portionen Gemüse und zwei Portionen Obst täglich zu essen. Als eine Portion gilt dabei die Menge, die man in einer Hand halten kann. Weil das individuell verschieden ist, bekommen Sie auch genau die Menge, die Sie brauchen. Mit einem Glas Smoothie trinken Sie also mindestens eine Portion Gesundes. Der Empfehlung zugrunde liegen Studien, wonach diese Obst- und Gemüsemenge das Risiko für verschiedene Erkrankungen senken kann. Denn Vitamine, Mineralstoffe und sekundäre Pflanzenstoffe in Gemüse und Obst spielen bei der Prävention von Herz- und Kreislaufleiden, Darmerkrankungen und Übergewicht eine wesentliche Rolle.

Die Geräte …

… müssen weder aufwendig noch teuer sein. Inzwischen gibt es ja richtige »Smoothie-Maker«, die sich für flüssige und cremige Smoothies mit Obst und/oder weichem Gemüse eignen. Auch eine grob zerkleinerte Möhre, Nüsse und Schokolade lassen sich darin mit den anderen Zutaten mixen; Portionsmengen von tiefgefrorenen Früchten machen ebenfalls keine Probleme. Ideal sind auch kleine Handmixer mit unterschiedlich großen Mixbechern. Der Becher wird mit allen Smoothie-Zutaten einschließlich Flüssigkeit gefüllt. Dann schraubt man das Kreuzmesser auf und setzt das Ganze auf den Motorblock. Der Becher ist nun so fest verschlossen, dass nichts auslaufen kann. Trinken können Sie den fertigen Smoothie ebenfalls gleich aus dem Becher. Oder mit dem passenden Schraubdeckel wieder verschließen und als Pausensnack mitnehmen. Kreuzmesser und Becher sind mit einer Flaschenbürste rasch und leicht gereinigt.

Einen großen Mixer brauchen Sie, wenn Sie häufig Smoothies mit Hartem und Faserreichem mixen wollen: größere Mengen von Eiswürfeln, dicke Ananasstücke, rohe Rote Beten, Knollensellerie oder Kohlblätter zum Beispiel. Mit einer Intervallschaltung können Sie Eis gut zerkleinern. Oder den Grad des Pürierens besser steuern: Vielleicht mögen Sie den Smoothie auch mal mit Fruchtstückchen zum Löffeln.

Der Mix- oder Pürierstab schafft nach meiner Erfahrung nur ziemlich flüssige Smoothies; besonders gut eignet er sich für heiße Smoothies. Das Teil lohnt die Anschaffung aber nur, wenn Sie es häufig auch für andere Gerichte verwenden: Cremesuppen, Saucen oder selbst gekochte Konfitüre. Sie sollten nur ein hochwertiges Gerät wählen, denn preiswerte Pürierstäbe taugen meist nichts. Zusätzlich brauchen Sie zum Zerkleinern ein hohes, enges Gefäß – am besten mit Ausgießer –, das den Pürierstab gerade eben fasst. In einem weiten Gefäß ist die Füllmenge für einen normalen Smoothie zu gering, sodass die Messer nicht greifen.

Gute Geräte sind wichtig fürs Gelingen – und ersparen Frust!

INFO

DIE KLEINE SMOOTHIE-KUNDE

Smoothies gehören zu den schnellsten Getränken, die man selbst zubereiten kann. Sie brauchen nur einen leistungsstarken Mixer, und inzwischen gibt es ja auch spezielle Smoothie-Maker zu kaufen. Die Vorbereitung ist höchst einfach und macht keinerlei Mühe: Obst und Gemüse werden nur grob zerkleinert, unbehandelte Früchte und die meisten Gemüsesorten müssen Sie nur gründlich waschen, aber nicht schälen. Äpfel und Birnen sollten Sie sogar mit dem ballaststoffreichen Kerngehäuse pürieren – das ist gesünder. Auch die Schalen von Birnen, Möhren, Rettich oder Gurken, die Kerne von Tomaten und Paprikaschoten stören nicht und steuern ebenfalls Gesundes bei: Ballaststoffe und Mineralstoffe sitzen nämlich bei vielen Pflanzen direkt unter der Schale. Nur bei Chilischoten entfernen Sie die scharfen Kerne, wenn Sie lieber einen milden Smoothie mögen. Smoothies sind gut bekömmlich, weil wir Vitamine und Bioaktivstoffe in fein zerkleinerter Form am besten verwerten können. Vitamine bleiben zum großen Teil erhalten, wenn Sie den Smoothie mit frischen Zutaten mixen und die ganze Portion gleich trinken. In vielen Studien hat sich gezeigt, dass Mineralstoffe, die wir essen und trinken, allen Nahrungsergänzungsmitteln weit überlegen sind. Hinzu kommt, dass viele Menschen Smoothies weit besser vertragen als frisch gepresste Säfte.

Smoothie-Wochenenden

Diese Empfehlungen für den kommenden und den gehenden Winter leiten Sie durch eine Drei-Tage-Kur, die Sie von Freitagnachmittag bis Sonntagabend durchführen können. Nutzen Sie die Zeit zum Schlafen, Faulenzen, Lesen und Musikhören. Doch Sie sollten sich jeden Tag auch mindestens eine Stunde lange richtig bewegen: beim Laufen, Spazierengehen oder auch im Schwimmbad – ganz wie Ihnen zumute ist und wonach Ihr Körper verlangt. Achten Sie auf seine Signale; unser Organismus sagt uns nämlich ganz genau, wann wir unsere Aktivitäten beenden und im Lieblingssessel entspannen sollten.

Smoothies stehen im Mittelpunkt Ihrer Kur: Pro Tag trinken Sie mindestens vier davon. Aus welchen Kapiteln Sie die Smoothies wählen, liegt bei Ihnen: Vielleicht mögen Sie morgens etwas ganz Leichtes. Dann trinken Sie einen Vegan-Smoothie. Richtige »Frühstücker« nehmen lieber einen kräftigen Drink zu sich. Mittags sind die Vitaminreichen dran, nach dem kräftezehrenden Winterspaziergang ein Wärmender. Abends und zwischendurch könnten Sie jeweils einen Smoothie aus den Kapiteln »Vitaminreich« oder »Weihnachtlich« wählen. Ein Muss ist das aber nicht; wenn Ihnen ein anderer besser schmeckt – nur zu.

Wichtig: Trinken Sie nicht nur süße Smoothies, mindestens die Hälfte Ihrer Tagesration sollte herzhaft sein.

Wenn der Winter kommt

Diese Smoothies helfen Ihnen, zu entspannen und innere Ruhe und Ausgeglichenheit zu erhalten.

Vorschläge zur Entspannung

Morgens	Müsli to go
Zum 2. Frühstück	Kaffee + Banane
Mittags	Wirsing + Orange
Als kleiner Imbiss	Salat + Obst
Abends	Avocado + Clementine
Eventuell vor dem Schlafengehen	Litschis + Sauerkirschen

Vorschläge für innere Ruhe

Morgens	Apfel, Kokos + Ingwer
Zum 2. Frühstück	Cranberrys plus
Mittags	Sellerie + Tofu
Als kleiner Imbiss	Papaya + Schokolade
Abends	Gurke + Salat + Feta
Eventuell vor dem Schlafengehen	Grapefruit + Holunder

Wenn der Winter geht

Werden Sie alles los, was den Organismus jetzt nach dem Winter belastet, und tanken Sie viele Vitamine.

Vorschläge zum Entschlacken

Morgens	Gurke + Banane
Zum 2. Frühstück	Ananas + Sauerkraut
Mittags	Grüner Smoothie
Als kleiner Imbiss	Kräuter + Apfel
Abends	Scharfe Paprika + Frischkäse
Eventuell vor dem Schlafengehen	Birne + Zitrone

Vorschläge zum Power tanken

Morgens	Sharon + Granatapfel
Zum 2. Frühstück	Vitamin-Blitz
Mittags	Heiße Möhren + Chili
Als kleiner Imbiss	Kiwi plus
Abends	Tomaten + Spinat
Eventuell vor dem Schlafengehen	Fenchel + Apfel

INFO

DIE NÖTIGE MENGE FLÜSSIGKEIT

Ein erwachsener Mensch benötigt etwa 1,5 bis 2 Liter Flüssigkeit täglich, das ist besonders im nahenden Frühling wichtig, wenn der Körper von belastenden Stoffen gereinigt werden soll.

Smoothies reichen nur für die gesunde Flüssigkeitszufuhr, wenn Sie einen Trick anwenden: Den gemixten Smoothie in Glas oder Becher gießen und etwa zu zwei Dritteln trinken. Den Mixer mit etwa zwei Tassen kaltem oder heißem Wasser füllen, noch einmal durchmixen und den Smoothie damit auffüllen. Wem das nicht schmeckt, der trinkt zusätzlich zu den Smoothies noch etwa einen Liter Mineralwasser, Gemüsesaft – eventuell verdünnt mit Mineralwasser – und Früchtetee. Den können Sie ganz nach Wunsch zubereiten: schön heiß, wenn Sie frösteln. Am besten verträglich ist Tee übrigens lauwarm.

Wärmende Smoothies

In diesem Kapitel finden Sie Smoothies
mit feinen und gesunden Zutaten, die bei
nasskaltem Wetter für Wohlbefinden sorgen.

Anti-Schnupfen-Smoothie

Trinken Sie den Anti-Schnupfen-Smoothie, wenn Sie die ersten Anzeichen einer Erkältung spüren: Zitrone als Vitamin-C-Spender stärkt das angeschlagene Immunsystem, gedünstete Birnen mit Honig helfen nach der Traditionellen Chinesischen Medizin bei trockenem Husten und dem typischen rauen Hals, weil sie den Körper mit genügend Feuchtigkeit versorgen.

Für 1 Portion
2 Birnenhälften (Kompott oder aus der Dose)
½ Zitrone
3 EL Birnensaft
150 ml kochend heißes Wasser
1–2 TL Honig

1 Die beiden Birnenhälften als Kompott oder im Ganzen in den Mixer geben.

2 Die Zitrone in Scheiben schneiden, die Schale und alle Kerne entfernen und die Scheiben zu den Birnen geben.

3 Den Birnensaft zufügen und den Smoothie gut durchpürieren. Während des Mixvorgangs das heiße Wasser langsam zufügen.

4 Den Smoothie in ein vorgewärmtes Glas füllen, mit dem Honig süßen und möglichst heiß trinken.

Müsli to go

Ein Smoothie zum Mitnehmen, der Sie mit dem Wichtigsten fürs Frühstück versorgt: mit frischem Obst, Milchprodukten und komplexen Kohlenhydraten. Die Menge passt genau in einen Coffee-to-go-Becher. So können Sie auch unterwegs ganz entspannt Ihr Müsli schlürfen.

Für 1 große Portion
1 TL Haferflocken
150 ml heißes Wasser
1 kleine Banane
1 Clementine
½ Apfel
2 getrocknete Aprikosen oder Pflaumen
1 TL Honig
1 EL Joghurt

1 Die Haferflocken im Mixbecher mit dem Wasser übergießen. Die Banane und die Clementine schälen, weiße Haut und Kerne entfernen und in Stücke schneiden. Den Apfel waschen, vierteln und vom Kerngehäuse befreien.

2 Die zerkleinerten Früchte zu den Haferflocken geben, die Aprikosen oder Pflaumen und den Honig zufügen und den Smoothie pürieren. In ein Glas oder einen verschließbaren Becher füllen und den Joghurt untermischen.

Birne + Cranberrys

Zutaten für 2 Portionen
1 reife Birne
1 Handvoll frische Cranberrys
2 getrocknete Soft-Aprikosen
150 g Dickmilch · 150 ml Cranberrysaft

1 Die Birne waschen, vierteln, vom Kerngehäuse befreien und in Stücke schneiden. Die Cranberrys auf einem Sieb kalt abspülen.

2 Birne und Cranberrys mit den Aprikosen und der Dickmilch in den Mixer geben. Den Smoothie pürieren und währenddessen den Cranberrysaft zugießen.

Birne + Zwetschge

Ein dekorativer Zwei-Schichten-Smoothie mit feinem Lebkuchenaroma.

Zutaten für 2 Portionen
1 reife Birne
200 g Joghurt
150 g Zwetschgen
1 Stück Lebkuchen (etwa 50 g) ohne Schokoladenglasur
100 ml Holunderbeer- oder roter Traubensaft
½ TL abgeriebene Bio-Zitronenschale
1 TL brauner Rohrzucker

1 Die Birne vierteln, schälen, vom Kerngehäuse befreien und in den Mixer geben. Den Joghurt zufügen und die Birne pürieren. Auf zwei Gläser verteilen.

2 Die Zwetschgen waschen, halbieren und entsteinen. Mit dem Lebkuchen in den Mixer geben und ebenfalls pürieren. Während des Mixvorgangs den Saft zugießen. Die Mischung langsam auf das Birnenpüree in den Gläsern gießen.

3 Die Zitronenschale mit dem Zucker mischen und die Smoothies damit bestreuen.

4 Rasch servieren und erst unmittelbar vor dem Trinken nach Wunsch mit einem Löffel umrühren.

Papaya + Schokolade

Ein Smoothie für den Faulenzer-Herbstnachmittag, wenn es draußen stürmt und graupelt. Schokolade aktiviert bekanntlich das Gute-Laune-Hormon Serotonin, süße Früchte tun dasselbe. Und ein paar sanfte Gewürze machen Lust auf Weihnachten.

Zutaten für 2 Portionen
200 g reife Papaya
1 reife, aber nicht braune Banane
1 Saftorange
1 große Messerspitze Lebkuchengewürz
1 große Messerspitze gemahlene Vanille
250 ml Kokosdrink natur
2 EL geraspelte Schokolade · etwas Minze

1 Die Papaya und die Banane schälen und in Stücke schneiden, dabei die Kerne der Papaya entfernen. Die Orange wie einen Apfel schälen und dabei die weiße Haut entfernen. Frucht in Stücke schneiden, von Kernen befreien.

2 Das Obst mit dem Lebkuchengewürz und der Vanille in den Mixer geben und pürieren. Während des Mixvorgangs den Kokosdrink zugießen.

3 Den Smoothie in Gläser füllen und mit der geraspelten Schokolade und Minze dekorieren.

Rettich + Apfel

Trinken Sie den Smoothie bei einer Erkältung nach dem Anti-Schnupfen-Smoothie (Seite 24). Die scharfen Senföle im Rettich gelten als natürliches Antibiotikum, weil sie Bakterien und Viren am Wachstum hindern.

Zutaten für 1 Portion
1 Stück Winterrettich (etwa 50 g) · 1 kleiner Apfel
2 EL Joghurt · 100 ml Apfelsaft
je 1 Prise Salz und Zucker · evtl. Kräuter zum Garnieren

1 Den Rettich dünn schälen, in Stücke schneiden und in den Mixer geben. Den Apfel waschen, gut abreiben und mit dem Kerngehäuse in Stücke schneiden. Zum Rettich in den Mixer geben, den Joghurt zufügen.

2 Die Zutaten pürieren und während des Mixvorgangs den Apfelsaft zugießen. Den Smoothie mit Salz und Zucker abschmecken und in ein Glas füllen. Nach Wunsch mit Kräutern garnieren. Salzgebäck, wie eine Sesam- oder Käsestange, schmeckt gut dazu.

INFO

SCHARFE WURZELN

Winterrettich mit schwarzer Schale ist schärfer und wirksamer als weißer Rettich, weil er mehr Senföle enthält.

Passionsfrucht plus

Exoten-Smoothies versüßen frostige Wintertage und sorgen für frisches Obst, das wir jeden Tag brauchen.

Für 1 große oder 2 kleine Portionen
1 kleiner Apfel
1 Stück reife Mango (etwa 100 g)
1 reife Banane
4 getrocknete Aprikosen · 1 getrocknete Feige
150 ml Apfelsaft
1 reife gelbe (Maracuja) oder rote Passionsfrucht

1 Den Apfel waschen und dabei gut abreiben. Vierteln, nach Wunsch vom Kerngehäuse befreien und in den Mixer geben.

2 Die Mango und die Banane schälen, in Stücke schneiden und zufügen.

3 Die getrockneten Aprikosen und die Feige grob zerkleinern, zu den Früchten im Mixer geben und den Smoothie pürieren. Während des Mixvorgangs den Apfelsaft zugießen.

4 Den Smoothie in die Gläser füllen. Anschließend die Passionsfrucht halbieren. Das Fruchtfleisch mit den Kernen mit einem Teelöffel in die Portionen streifen und unterrühren.

Kaffee + Banane

Kekse machen einen Smoothie zum nahrhaften Snack. Butterkekse liefern allerdings Zucker und viel mehr Fett als ungesüßte Haferkekse.

Zutaten für 2 Portionen
1 Banane · 2 Trockenpflaumen
2 ungesüßte Haferkekse oder Butterkekse
2 EL Milch · 200 ml Kaffee, lauwarm
etwa 5 EL Sahne

1 Die Banane schälen und in Stücke schneiden. Mit den grob zerkleinerten Trockenpflaumen in den Mixer geben.

2 Die zerbröckelten Kekse, die Milch und etwa die halbe Menge Kaffee hinzufügen und alles pürieren. Währenddessen den restlichen Kaffee zugießen.

3 Den Smoothie in Gläser füllen. Die Sahne mit einem Schneebesen dickflüssig, aber nicht ganz steif schlagen und über einen Löffel auf die Smoothies fließen lassen.

TIPP

Gießen Sie Reste von Tee oder Kaffee nicht weg, sondern mixen Sie Smoothies damit: Tee passt zu jeder Mischung, Kaffee am besten zu Obst.

Kaki + Banane

Zutaten für 2 Portionen
1 kleine reife Kaki · 1 reife, aber nicht braune Banane
1 Scheibe Zitrone · 150 ml Orangensaft
2 Walnusshälften · 2 TL Ahornsirup

1 Die Kaki waschen und schälen. Den Stielansatz mit einem spitzen Messer kreisförmig herausschneiden und die Frucht grob zerkleinert in den Mixer geben.

2 Die Banane schälen und in Stücke schneiden. Die Zitronenscheibe schälen und eventuell vorhandene Kerne entfernen. Beide Zutaten zur Kaki geben und den Smoothie pürieren. Währenddessen den Orangensaft zugießen.

3 Den Smoothie in Gläser füllen. Auf jede Smoothie-Portion eine Walnusshälfte legen und mit etwas Ahornsirup beträufeln.

TIPP

Kaki- oder Sharonfrüchte lassen Sie am besten ein paar Tage bei Zimmertemperatur nachreifen, bis sie nicht mehr hart sind. Dann werden sie beim Pürieren cremiger und schmecken fein süß.

Grapefruit + Holunder

Holunder – Blüten oder Beeren – hilft dem Körper, Wärme zu speichern, und stärkt zudem das Immunsystem.

Zutaten für 2 Portionen
200 ml Holunderbeersaft · 1 Beutel Rooibostee
1 gelbe oder rosa Grapefruit · 1 Prise Lebkuchengewürz
1 TL Zimt-Zucker · Sternanis · Zimtstange

1 Den Holunderbeersaft erhitzen und den Teebeutel darin 5 Minuten ziehen lassen.

2 Inzwischen die Grapefruit wie einen Apfel schälen und dabei alle weißen Häutchen entfernen. Die Frucht halbieren, die Kerne herausholen, die Hälften in Stücke schneiden und in den Mixer geben.

3 Den Teebeutel entfernen. Den »Holundertee« zur Grapefruit gießen. Lebkuchengewürz und Zimt-Zucker zufügen, den Smoothie pürieren und garnieren.

TIPP

Zitrusfrüchte sollten Sie immer über einer Schüssel schälen und entkernen, um den abtropfenden Saft aufzufangen. Den geben Sie dann mit der zerkleinerten Frucht in den Mixer.

Grüner Ingwer-Tee + Obst

Zutaten für 2 Portionen
2 TL grüne Teeblätter mit Ingwer
250 ml fast kochendes Wasser
3 getrocknete Aprikosen
2 reife, weiche Kiwis

1 Die Teeblätter in einem Teesieb mit dem heißen Wasser übergießen und etwa 3 Minuten ziehen lassen. Das Sieb entfernen und den Tee noch heiß in den Mixer gießen.

2 Die getrockneten Aprikosen und die geschälten, in Stücke geschnittenen Kiwis zufügen und alles mixen. Warm servieren!

INFO

INGWER – DIE WUNDERKNOLLE

Der Ingwer ist heute aus den meisten modernen und gesundheitsbewussten Küchen nicht mehr wegzudenken: Der Geschmack der Wurzel ist scharf – dafür ist der Inhaltsstoff Gingerol verantwortlich – und sehr würzig. Ingwer hat eine entzündungshemmende, immunstärkende sowie anregende Wirkung auf den Magen- und Darmtrakt. Er vertreibt die klamme Kälte aus dem Körper.

Fenchel + Apfel

Zutaten für 2 Portionen
½ Fenchelknolle mit Grün
1 rotwangiger Apfel
1 EL Joghurt · 150 ml heißer Fencheltee
1 TL Honig · 1 TL Vanillezucker
Kräuter nach Belieben

1 Die Fenchelknolle waschen und trockentupfen. Den Strunk keilförmig herausschneiden, die Knolle mit dem Grün grob zerkleinern und in den Mixer geben.

2 Den Apfel waschen und dabei gut abreiben. In Viertel schneiden, nach Wunsch vom Kerngehäuse befreien und zum Fenchel geben.

3 Den Joghurt zufügen, die Zutaten pürieren und währenddessen den Fencheltee zugießen. Den Smoothie mit Honig und Vanillezucker abschmecken, in Gläser füllen und nach Wunsch mit Kräutern garnieren.

TIPP

Der Smoothie schmeckt auch herzhaft gewürzt mit Salz und Cayennepfeffer. Dann sollten Sie ihn mit kaltem Fencheltee und einem Eiswürfel aufmixen.

Scharfe Paprika + Frischkäse

Blitzschnell gemixt, cremig und gut: Mit eingelegten
Paprikaschoten wird der Smoothie wunderbar würzig.

Zutaten für 2 Portionen
200 g rote Paprikaschoten (Glas)
1 Peperoni, mit Frischkäse gefüllt
3 EL Marinade der Paprikaschoten
150 ml Möhren-Apfel-Saft
1 EL natives Olivenöl extra · Salz
Zwiebelwürfelchen, Kräuter und/oder
zerkleinerte Paprikaschote zum Garnieren

1 Die Paprikaschoten kurz abtropfen lassen und mit der
gefüllten Peperoni in den Mixer geben. Die Marinade
zufügen und den Smoothie pürieren. Während des Mixvorgangs den Möhren-Apfel-Saft zugießen.

2 Den Smoothie mit Olivenöl und Salz abschmecken
und in gekühlte Gläser füllen. Nach Wunsch mit Zwie-
beln, Kräutern und/oder Paprikaschote garnieren.

TIPP

*Als Snack in jede Portion noch eine gefüllte Peperoni
stippen und pro Person eine Brezel oder ein Vollkorn-
brötchen zum Smoothie servieren.*

Wirsing + Orange

Gemüse-Smoothies schmecken köstlich im Winter. Man serviert sie warm bis heiß und würzt ordentlich mit Pfeffer oder Zimt, Muskat oder Nelken.

Zutaten für 2 Portionen
3 Blätter Wirsing
150 ml Wasser
1 Orange
1 Frühlingszwiebel
100 g Kräuterfrischkäse
Salz
frisch gemahlener Pfeffer

1 Den Wirsing waschen und grob zerkleinern. Mit dem Wasser in einen Kochtopf geben und aufkochen. Zugedeckt 2 Minuten kochen lassen.

2 Inzwischen die Orange wie einen Apfel schälen und dabei alle weißen Häutchen und die Kerne entfernen. Die Frühlingszwiebel waschen, den Wurzelansatz und welke Blattspitzen abschneiden.

3 Orange und Zwiebel in Stücke schneiden und zusammen in den Mixer geben. Den Wirsing mit der Kochflüssigkeit und dem Kräuterfrischkäse zufügen. Den Smoothie gut durchpürieren, mit Salz und Pfeffer würzen und in Becher füllen.

Heiße Möhren + Chili

Ein kräftiger Smoothie, der Sie an klammen Herbsttagen wunderbar wärmt. Als kleine Zwischenmahlzeit schmeckt er mit herzhaften Käsestangen oder einem süßen Müsliriegel.

Zutaten für 2 Portionen
3 Möhren
1 Schalotte
1 rote Chilischote
1 TL Olivenöl
250 ml Orangensaft
2 EL Rahmfrischkäse
Salz · frisch geriebene Muskatnuss
gewaschene Petersilie zum Garnieren

1 Die Möhren waschen und würfeln. Schalotte abziehen und fein zerkleinern. Die Chilischote waschen, Kerne und Trennwände entfernen. Einige Röllchen zum Garnieren beiseite legen. Öl erhitzen, Schalotte und Chili darin bei schwacher Hitze braten, bis die Schalotte glasig ist. Möhren zugeben und unter Rühren kurz mitschmoren.

2 Den Orangensaft zugießen und einmal aufkochen. Mit dem Frischkäse in den Mixer geben und pürieren. Mit Salz und Muskat würzen, in vorgewärmte Becher füllen, mit Petersilie und Chiliröllchen garnieren und heiß servieren.

Rote Bete + Meerrettich

Zutaten für 2 Portionen
2 gekochte oder süßsauer eingelegte Rote Beten
1 Blutorange · 2 EL Frischkäse mit Meerrettich
200 ml beliebiger Gemüsesaft
Salz · Cayennepfeffer
nach Wunsch Kräuter zum Garnieren

1 Rote Beten würfeln. Eingelegte Rote-Beten-Scheiben müssen vor dem Mixen nicht zerkleinert werden. Die Orange wie einen Apfel schälen und dabei die weiße Haut entfernen. In Stücke schneiden und Kerne entfernen.

2 Rote Beten und Orange in den Mixer geben. Den Frischkäse zufügen. Alles pürieren und während des Mixvorgangs den Gemüsesaft zugießen.

3 Smoothie mit Salz und Pfeffer abschmecken und auf Gläser verteilen. Nach Wunsch mit Kräutern garnieren.

TIPP

Rote Beten schützen aufgrund des hohen Gehalts an Anthocyanen vor Herz-Kreislauf-Leiden. Als Smoothie schmecken sie am besten gekocht. Gute Würze sind milder Essig oder Zitrussaft.

Grüner Smoothie

Der Smoothie schmeckt ziemlich heiß am besten. Und für noch mehr »innere Hitze« dünsten Sie die Erbsen mit einer entkernten Chilischote, die ebenfalls püriert wird.

Zutaten für 2 Portionen
100 g tiefgefrorene Erbsen
150 ml weißer Traubensaft
1 Limette
1 Handvoll Feldsalat
1 EL Schmant
Salz
frisch gemahlener Pfeffer

1 Die Erbsen mit dem Traubensaft in einem Kochtopf aufkochen und zugedeckt 3 Minuten dünsten. In den Mixer geben und etwas abkühlen lassen.

2 Inzwischen die Limette heiß abwaschen und trockenreiben. Etwa ¼ der Schale dünn abreiben. Die Limette anschließend wie einen Apfel schälen, sodass auch die weiße Haut entfernt wird. Entkernen, in Stücke schneiden und mit der Schale in den Mixer geben.

3 Den Feldsalat gründlich waschen, trockentupfen und mit dem Schmant zusammen in den Mixer geben. Den Smoothie pürieren, mit Salz und Pfeffer abschmecken und in Gläser füllen.

Weihnachtliche Smoothies

Machen Sie sich's gemütlich mit Smoothies, die zur festlichsten Zeit des Jahres passen.

Birne plus

Ein sanfter und doch würziger Smoothie, der wunderbar
zu Weihnachtsplätzchen oder Früchtebrot schmeckt.

Zutaten für 2 Portionen
100 g Birnenkompott
Saft von ½ Zitrone
1 getrocknete Soft-Feige
1 Stück Ingwer
1 kleiner Apfel
1 Banane
1 TL rote Konfitüre
1 Prise gemahlene Vanille
150 ml Saft vom Birnenkompott
etwas kaltes Wasser

1 Das Birnenkompott mit dem ausgepressten Zitronensaft in den Mixer geben. Die grob zerkleinerte Soft-Feige
und den geschälten Ingwer zufügen.

2 Den Apfel waschen und gut abreiben. In Achtel
schneiden und dabei das Kerngehäuse nach Wunsch
entfernen. Die Banane schälen und in Stücke schneiden.

3 Beide Früchte in den Mixer geben, Konfitüre und
Vanille zufügen. Den Saft vom Birnenkompott gegebe-
nenfalls mit kaltem Wasser auf 150 ml ergänzen und
während des Mixvorgangs zum Smoothie gießen.

Sharon + Granatapfel

Ein Smoothie in den Weihnachtsfarben Gold und Rot, den Sie als Aperitif servieren können: Fruchtsäure lässt die Verdauungssäfte fließen, was unserem Wohlbefinden bei einem üppigen Menü durchaus zugutekommt.

Zutaten für 2 Portionen
2 Sharonfrüchte
1 Orange
100 ml Granatapfelsaft

1 Die Sharonfrüchte waschen und dünn abschälen. Die Stielansätze kreisförmig herausschneiden, die Früchte in Stücke schneiden und in den Mixer geben.

2 Die Orange wie einen Apfel schälen und dabei alle weißen Häutchen und die Kerne entfernen. Zu den Sharonfrüchten geben und den Smoothie pürieren.

3 In Gläser füllen. Den Granatapfelsaft in einem dünnen Strahl langsam zugießen, sodass sich Schlieren bilden.

TIPP

Sie können auch einen frischen Granatapfel halbieren und den Saft auspressen. Die Smoothie-Portionen dann noch mit einigen Granatapfelkernen garnieren.

Rote Bete + Preiselbeeren

Zutaten für 2 Portionen
2 gekochte Rote Beten · 1 Banane
100 ml roter Traubensaft
2 EL Preiselbeerkompott · 2 TL Joghurt

1 Die Roten Beten würfeln, die Banane schälen und in Stücke schneiden. Beide Zutaten in den Mixer geben. Alles pürieren und während des Mixvorgangs den Traubensaft zugießen.

2 Das Preiselbeerkompott mit einem Löffel untermischen. Den Smoothie auf Gläser verteilen und auf jede Portion einen Teelöffel Joghurt setzen.

Mispel + Zwetschgen

Ein süßer Smoothie mit einem Hauch von Alkohol, den reife Mispeln natürlicherweise enthalten. Servieren Sie ihn einmal anstelle von Punsch am Adventsnachmittag.

Zutaten für 2 Portionen
1 reife Mispel · 150 g Zwetschgenkompott
1 Stück Honigkuchen (etwa 30 g)
100 g Vanilleeiscreme
100 ml frisch gepresster Orangensaft

1 Die Schale der Mispel abziehen und die Frucht mit dem Kompott, dem zerbröckelten Honigkuchen und der Eiscreme in den Mixer geben.

2 Den Smoothie pürieren und dabei cremig aufschlagen. Währenddessen den Orangensaft zugießen. In Tassen oder Becher füllen und sofort servieren.

INFO

UNBEKANNTE MISPEL

Mispeln bekommen Sie ab November am besten in türkischen oder griechischen Obstgeschäften. Die kleinen Früchte mit rauer Haut müssen sich so weich wie Teig anfühlen – dann sind sie reif und gut, lassen sich leicht schälen und schmecken süß-säuerlich ein wenig nach Wein.

Cappuccino + Banane

Zutaten für 2 Portionen
100 g Sahne · ½ TL Vanillezucker
1 Riegel weiße Crunchy-Schokolade
2 EL Instant-Kaffeepulver · 250 ml heiße Milch
1 Banane · 2 EL Mandelmus
Cappuccino- und Zimtpulver zum Bestreuen

1 Die Sahne mit dem Vanillezucker steif schlagen und in einen Spritzbeutel geben.

2 Die Schokolade stückeln und in den Mixer geben. Kaffee zufügen und die heiße Milch zugießen. Bei niedriger Schaltstufe mixen, bis sich die Schokolade auflöst.

3 Die geschälte Banane und das Mandelmus zufügen und den Smoothie cremig aufschlagen. In 2 Gläser füllen und auf jede Portion ein Sahnehäubchen spritzen.

4 Etwas Cappuccino- und Zimtpulver mischen und dünn auf die Sahne streuen. Die Smoothies sofort servieren.

TIPP

Selbstverständlich können Sie statt Instant-Kaffee auch Cappuccinopulver nehmen. Allerdings wird's dann süß!

Papaya + Johannisbeeren + Ananas

Der ideale Digestif nach der Weihnachtsgans: Frische Papaya und Ananas helfen genau wie Ingwer bei der Verdauung. Johannisbeeren sind gut für den Blutdruck, weil sie besonders viel Kalium enthalten.

Zutaten für 2 Portionen
200 g reife Papaya
200 g frische Ananas
1 daumendickes Stück frischer Ingwer
1 EL tiefgefrorene Johannisbeeren oder frische Cranberrys
250 ml Apfelsaft
einige Tropfen Tabasco oder 1 große Messerspitze Chilipaste

1 Die Papaya und die Ananas schälen und in Stücke schneiden, dabei die Papayakerne entfernen. Den Ingwer schälen und grob zerkleinern.

2 Alle diese Zutaten mit den gefrorenen Johannisbeeren oder den gewaschenen Cranberrys in den Mixer geben und pürieren. Während des Mixvorgangs den Apfelsaft zugießen.

3 Den Smoothie mit Tabasco oder Chilipaste in gekühlte Gläser füllen und eventuell mit Papayakernen bestreuen: Die Kerne schmecken pfeffrig scharf, ähnlich wie Kresse.

Topinambur + Möhren

Zutaten für 2 Portionen
3 mittelgroße Topinamburknollen · 2 kleine Möhren
150 ml naturtrüber Apfelsaft · 100 g Dickmilch
Salz · Cayennepfeffer · 1 Clementine

1 Topinambur und Möhren gründlich waschen. In Stücke schneiden und mit dem Apfelsaft in einem Topf aufkochen. Zugedeckt bei schwacher Hitze etwa 2 Minuten kochen lassen.

2 Gemüse mit dem Saft in den Mixer geben, die Dickmilch zufügen und alles pürieren. Den Smoothie mit Salz und Cayennepfeffer würzen und in Gläser füllen.

3 Die Clementine auspressen und den Saft auf den Smoothie-Portionen verteilen.

TOLLE KNOLLE

INFO

Topinambur stammt ursprünglich aus Nord- und Mittelamerika und ist der Kartoffel sehr ähnlich. Der Geschmack ist leicht süßlich. Die Knolle ist besonders bei Diabetikern beliebt, da sie den Mehrfachzucker Inulin enthält, der den Blutzuckerspiegel nicht beeinflusst.

Quitte + Orange + Met

Zutaten für 2–3 Portionen
1 Quitte
2 Saftorangen, 1 davon unbehandelt
1 Anisplätzchen
100 ml heißer Honig-Met
2–3 Scheiben von unbehandelter Orange
2–3 Sternanis

1 Die Quitte mit einem Sparschäler dünn abschälen, vierteln und das Kerngehäuse herausschneiden. Die Frucht in Stücke schneiden. Die unbehandelte Orange heiß abwaschen, abreiben und ein großes Stück Schale dünn abschneiden. Die Orange auspressen.

2 Die Quitte mit Orangenschale und Saft in einem Topf aufkochen und zugedeckt bei schwacher Hitze in etwa 20 Minuten weich kochen.

3 Die zweite Orange wie einen Apfel schälen und dabei alle weißen Häutchen und die Kerne entfernen. In Stücke schneiden und mit der Quitte einschließlich der Kochflüssigkeit in den Mixer geben.

4 Das Anisplätzchen und den Met hinzufügen und den Smoothie pürieren. In Gläser füllen und mit Orangenschnitzen und Sternanis garnieren.

Salat + Obst

Kühl wie die Eisblumen am Fenster und dabei voller gesunder Vitamine: der richtige Smoothie für einen gemütlichen Winternachmittag.

Zutaten für 2 Portionen
2 reife Kiwis
1 Banane
1 Handvoll Feldsalat
1 Orange
1 EL Joghurt
150 ml Wasser
je 1 gute Prise Zucker und frisch gemahlener Pfeffer
100 g beliebige Eiscreme

1 Die Kiwis und die Banane schälen, in Stücke schneiden und in den Mixbecher geben. Den Feldsalat gut waschen und zufügen.

2 Die Orange wie einen Apfel schälen, sodass auch die weiße Haut entfernt wird. Entkernen, in Stücke schneiden und ebenfalls in den Mixer geben. Den Joghurt zugeben und alles zum Smoothie mixen. Während des Mixvorgangs das Wasser zugießen.

3 Den Smoothie mit Zucker und Pfeffer würzen und in Gläser füllen. Die Eiscreme mit einem Portionierer auf die Smoothies setzen.

Espresso + Schokolade

Espresso und heiße Schokolade machen schön warm, wenn es draußen kalt und klamm ist. Und das sanfte Kokosaroma passt wunderbar zum herben Kaffee.

Zutaten für 2 Portionen
2 Riegel weiße Trinkschokolade
125 ml frisch gekochter, heißer Espresso
1 Stück frischer Ingwer
1 Stück frische Kokosnuss (etwa 100 g)
125 g Kokosnuss-Eiscreme

1 Die Schokolade in Stücke brechen und in den Mixer geben. Den Espresso zugießen und bei niedriger Schaltstufe mixen, bis sich die Schokolade auflöst.

2 Geschälten Ingwer, die grob zerkleinerte Kokosnuss und die Eiscreme hinzufügen und mixen, bis der Smoothie cremig ist. In Gläser füllen und sofort servieren.

TIPP

Wenn Sie es fruchtiger mögen, statt Kokosnuss das Fruchtfleisch und die Kerne von 1 Passionsfrucht in den Smoothie geben. Als weitere Variante lassen Sie die Eiscreme weg und schlagen den Smoothie mit 100 ml Kokosdrink und 2 EL Sahne auf.

Grün + üppig

Ein Smoothie mit allem, was Weihnachten so köstlich macht: Zitronat, Makrone, ein bisschen Alkohol. Und natürlich viel Obst – sonst wär's ja kein Smoothie!

Zutaten für 2–3 Portionen
100 g Ananas · 1 Banane · 1 Kiwi
½ rosa Grapefruit
2 Mandelmakronen
1 EL gewürfeltes Zitronat
100 ml Wasser
1–2 EL Orangenlikör
2–3 EL Schlagsahne · Minzeblättchen
Kakaopulver oder Zimt-Zucker zum Bestreuen

1 Die Ananas, die Banane und die Kiwi schälen und in Stücke schneiden. Die Grapefruit wie einen Apfel schälen und dabei alle weißen Häutchen und Kerne entfernen. Ebenfalls zerkleinern.

2 Alle Früchte in den Mixer geben. Die Makronen und das Zitronat zufügen und den Smoothie pürieren. Während des Mixvorgangs das Wasser zugießen. Den Smoothie mit dem Orangenlikör würzen und in Gläser füllen.

3 Auf jeden Smoothie 1 Löffel Sahne setzen, mit Minze dekorieren und mit Kakao oder Zimt-Zucker bestreuen.

Cremiger Apfel

Zutaten für 2 Portionen
1 großer Apfel · 2 getrocknete Soft-Feigen
3 EL Joghurt · 2 EL Crème fraîche
100 ml Cranberrysaft
150 ml Kokosdrink natur
1–2 TL Zimt-Zucker
2 EL gehackte Walnusskerne

1 Den Apfel waschen und dabei gut abreiben. Die Frucht vierteln und das Kerngehäuse nach Wunsch entfernen.

2 Die Apfelviertel mit den grob zerkleinerten Soft-Feigen, dem Joghurt und der Crème fraîche in den Mixer geben. Den Smoothie pürieren. Während des Pürierens den Cranberrysaft und den Kokosdrink zugießen.

3 Den Smoothie mit dem Zimt-Zucker abschmecken und in Gläser füllen. Mit den Nüssen bestreut servieren.

TIPP

Smoothies mit rohem Apfel sind sämig und werden rasch ziemlich dickflüssig. Deshalb sollte man sie gleich nach dem Pürieren trinken. Sonst muss man sie noch mal mit etwas Saft aufmixen.

Obst + Makronen

Die Mischung aus der Frische des Obstes und der Süße der Kokosmakronen gibt dem Smoothie einen interessanten, exotischen Geschmack.

Zutaten für 2 Portionen
1 reife, aber nicht braune Banane
1 Clementine
1 dicke Limettenscheibe
3 EL ungesüßter Sanddornsirup
2 Kokosmakronen
150 ml Multivitaminsaft
2 TL Kokosflocken · 1 TL Schokostreusel

1 Die Banane schälen und in Stücke schneiden. Die Clementine wie einen Apfel schälen, damit auch die weiße Haut entfernt wird. Die Frucht quer halbieren und alle Kerne entfernen.

2 Die Limettenscheibe schälen und eventuell vorhandene Kerne entfernen.

3 Das Obst mit dem Sanddornsirup und den Makronen in den Mixer geben und den Smoothie pürieren. Währenddessen den Multivitaminsaft zugießen.

4 Den Smoothie in Gläser füllen. Jede Smoothie-Portion mit Kokosflocken und Schokostreuseln bestreuen.

Linsen-Smoothie

Zutaten für 2 Portionen
2 EL rote Linsen
2 EL Pizzatomaten (Dose)
100 ml Wasser
1 Saftorange
1 TL kleines Stück Ingwer in Sirup
1 TL Ingwersirup
Salz
2 TL Kokosmilch
2 TL beliebige gehackte Kräuter
1 große Messerspitze abgeriebene Bio-Zitronenschale

1 Die Linsen mit den Pizzatomaten und dem Wasser aufkochen und zugedeckt in etwa 15 Minuten weich und musig kochen.

2 Die Orange wie einen Apfel schälen und dabei alle weißen Häutchen und die Kerne entfernen. Mit den heißen Linsen und dem Ingwer in den Mixer geben. Den Ingwersirup zufügen und den Smoothie pürieren.

3 Den Smoothie mit Salz abschmecken und in vorgewärmte dicke Gläser oder Becher füllen. Auf jede Portion 1 TL Kokosmilch, Kräuter und etwas abgeriebene Zitronenschale geben. Erst unmittelbar vor dem Trinken mischen.

Vegane Smoothies

Schluss mit üppig: Nach den Feiertagen tun besonders leichte Smoothies Seele und Körper gut.

Apfel + Kokos + Ingwer

Ein feiner Smoothie nur mit pflanzlichen Zutaten
und dennoch sämig-sanft durch den Kokosdrink!

Zutaten für 2 Portionen
1 mittelgroßer Apfel
1 reife Banane
1 Stück frischer Ingwer
150 ml Kokosdrink natur

1 Den Apfel waschen und dabei gut abreiben. In Achtel
schneiden und nach Wunsch vom Kerngehäuse befreien.
Banane und Ingwer schälen und in Stücke schneiden.

2 Die Früchte und den Ingwer mit dem Kokosdrink in
den Mixer geben und fein zerkleinern. Den Smoothie
in Gläser füllen und sofort servieren.

INFO

HARTE SCHALE ...

Kokoswasser gibt es im Reformhaus und in vielen Supermärkten. Es ist die Flüssigkeit im Inneren frischer, noch
grüner Kokosnüsse. Die Nüsse werden unreif geerntet,
solange Schale und Fleisch noch weich sind. Das süß-
säuerliche Wasser mit dem typischen Kokosgeschmack
enthält kaum Fett, aber reichlich Mineralstoffe.

Gurke + Banane

Die Gurke schenkt viel Flüssigkeit und erfrischt, die Banane gibt die nötige Süße.

Zutaten für 2 Portionen
1 daumenlanges Stück frische Gurke
1 Banane
1 Orange
150 g Sojadrink

1 Die gewaschene Gurke und die geschälte Banane in Stücke schneiden. Die Orange wie einen Apfel schälen, sodass auch die weiße Haut entfernt wird. Ebenfalls in Stücke schneiden, dabei alle Kerne entfernen.

2 Alle Früchte in den Mixer geben und pürieren. Während des Mixvorgangs den Sojadrink zugießen. Smoothie in Gläser füllen, dekorieren und sofort servieren.

INFO

SOJAMILCH

Sojamilch – traditionell aus der chinesischen und japanischen Küche – wird in der veganen Ernährung als Ersatz für Kuhmilch verwendet und ist ein Extrakt aus Sojabohnen, die eingeweicht und püriert werden. Auch bei Laktoseintoleranz ist der Sojadrink eine Alternative.

Kiwi plus

Zutaten für 2 Portionen
2 reife Kiwis
1 Orange · 1 Scheibe Zitrone
1 reife, aber nicht braune Banane · 2 getrocknete Feigen
150 ml Wasser

1 Die Kiwis schälen, würfeln und in den Mixer geben.

2 Die Orange schälen, Kerne und die weiße Haut entfernen. Die Zitronenscheibe schälen und eventuell vorhandene Kerne entfernen. Die Banane schälen und in Stücke schneiden. Die harten Stiele der Feigen abschneiden, die Früchte grob zerkleinern.

3 Alles zu den Kiwis in den Mixer geben und pürieren. Während des Mixvorgangs das Wasser zugießen. Den Smoothie in Gläser füllen.

INFO

DAS AUGE ISST MIT

Studien haben ergeben, dass Kinder viel mehr Obst und Gemüse mögen, wenn man es ihnen als Getränk anbietet. Vermutlich, weil es als Smoothie püriert so schön bunt und saftig ist und dazu noch gut »rutscht«.

Kräuter + Apfel

Zutaten für 2 Portionen
1 großer Apfel · 1 Handvoll Dill, Petersilie und Basilikum
1 EL zarte Haferflocken
150 ml Sojadrink · Salz und Cayennepfeffer
Zwiebel- oder Schnittlauchröllchen zum Garnieren

1 Den Apfel waschen, abreiben, in Achtel schneiden und nach Wunsch vom Kerngehäuse befreien. Die Kräuter waschen, trockentupfen und grob zerkleinern.

2 Apfelstücke, Kräuter und Haferflocken in den Mixer geben. Alles pürieren und dabei den Sojadrink zugießen.

3 Den Smoothie mit Salz und Cayennepfeffer abschmecken und in Gläser füllen. Mit Zwiebel- oder Schnittlauch garniert servieren.

IN DER SCHALE LIEGT DIE KRAFT

INFO

100 Gramm Apfel mit Schale haben denselben positiven Effekt wie 1500 Milligramm Vitamin C: Durch die antioxidative Wirkung werden aggressive Moleküle gebremst, die bei Herz-Kreislauf-Erkrankungen und Krebs eine Rolle spielen.

Kürbis + Pomelo

Zutaten für 2 Portionen
200 g Muskat- oder Hokkaidokürbis
1 EL Zucker · 1 EL Zitronensaft · 1 EL Erdnussöl
etwa 200 g Pomelo · Orangensaft zum Aufgießen

1 Den Muskatkürbis schälen, den Hokkaido nur waschen. Die Kerne entfernen und das Fruchtfleisch würfeln. Mit Zucker, Zitronensaft und Öl in einen Topf geben und zugedeckt in etwa 15 Minuten ganz weich garen.

2 Die Pomelo wie einen Apfel schälen und dabei auch die bittere weiße Haut unter der Schale entfernen. Die Frucht in Stücke schneiden, Kerne entfernen und mit dem Kürbis in den Mixer geben.

3 Alles pürieren und dabei so viel Orangensaft zugießen, dass der Smoothie cremig wird.

INFO

ZITRUSKUNDE

Pomelos, eine Züchtung aus Grapefruit und Pampelmuse mit herber Würze und feiner Süße, sind ab November richtig aromatisch. Eine ganze Frucht ist für den Smoothie zu groß.

Litschis + Sauerkirschen

Zutaten für 2 Portionen
200 g Litschis
1 Scheibe einer Zitrone
200 g Sauerkirschen (Glas)
100 ml Kokosdrink
1 TL Vanillezucker
Melisseblättchen zum Dekorieren

1 Die Litschis schälen und entkernen. Die Schale und die Kerne der Zitronenscheibe entfernen.

2 Litschis und Zitrone mit den Sauerkirschen in den Mixer geben und pürieren. Dabei den Kokosdrink zugießen.

3 Mit Vanillezucker abschmecken, mit Melisse dekorieren und sofort servieren.

VITAMIN-C-BOMBEN

INFO

Der Vitamin-C-Gehalt von Litschis liegt etwa so hoch wie bei Grapefruits, und die Zitronenscheibe gibt Ihnen noch zusätzlich einen Schuss Anti-Infekt-Vitamin. Frische Kräuter im Topf bekommt man in Supermärkten.

Stangensellerie + Obst

Für 1 große oder 2 kleine Portionen
1 kleine Selleriestange · 1 kleiner Apfel
1 kleine Banane · 4 Datteln
1 Scheibe Zitrone · 250 ml Wasser
1 Handvoll frische Minzeblättchen

1 Den Sellerie und den Apfel gut waschen und in Stücke schneiden. Das Kerngehäuse des Apfels nach Wunsch entfernen.

2 Die Banane schälen und in Stücke schneiden. Die Datteln entkernen. Die Zitronenscheibe schälen und ebenfalls alle Kerne entfernen.

3 Alle diese Zutaten mit der halben Menge Minze in den Mixer geben und pürieren. Während des Mixvorgangs das Wasser zugießen. Den Smoothie in Gläser füllen und mit den restlichen Minzeblättchen garnieren.

TIPP

Datteln sind tolle Begleiter für zwischendurch: Sie sind wahre Speicher für den schnellen Energiespender Zucker und den Sattmacher Stärke. Außerdem kurbeln sie die Verdauung an, wenn man sie mit Flüssigkeit kombiniert.

Möhren + Ananas + Gurke

Zutaten für 2 Portionen
2 Möhren · 100 g Salatgurke
150 g frische Ananas
150 ml Möhren-Apfel-Saft · 2 TL Olivenöl mit Zitrone
Kräuterzweige zum Garnieren

1 Die Möhren und die Gurke gründlich waschen. Die Schale der Ananas abschneiden. Alle Zutaten in Stücke schneiden und in den Mixer geben.

2 Den Smoothie pürieren und während des Mixvorgangs den Möhren-Apfel-Saft zugießen. Das Olivenöl unterrühren und den Smoothie in Gläser füllen. Mit Kräutern garnieren.

FÜNF HANDVOLL GESUNDHEIT

INFO

Die wissenschaftlichen Studien, wonach täglich fünf Portionen Obst und Gemüse für gute Gesundheit sorgen, gehen mittlerweile in die Hunderte. Einer der wertvollsten Schutzstoffe ist Beta-Karotin in Möhren und anderen gelb-roten Pflanzen. Möhren enthalten außerdem Vitamin K für starke Knochen – wichtig bei veganer Kost, die ja auf kalziumreiche Milchprodukte verzichtet.

Tomaten + Spinat

Zutaten für 2 Portionen
1 kleine, mittelscharfe Chilischote
1 kleine Dose Pizzatomaten
1 Würfel tiefgefrorener Blattspinat
100 ml Quitten- oder Apfelsaft (Flasche)
¼ TL Salz · 1 TL Olivenöl

1 Die Chilischote waschen, halbieren, Stiel und die Kerne entfernen. Mit den Pizzatomaten in den Mixer geben.

2 Den Blattspinat, den Saft und das Salz hinzufügen und den Smoothie pürieren. Das Öl untermischen und den Smoothie in Gläser füllen.

Sellerie + Soja

Zutaten für 2 Portionen
200 g Knollensellerie
2 kleine, helle Selleriestangen
100 g weicher Tofu
½ Limette · 100 ml Apfelsaft
1 TL Olivenöl mit Chili oder Kräutern
100 g Sojasahne
Salz · frisch geriebene Muskatnuss

1 Den Sellerie schälen, waschen und würfeln. Die Selleriestangen waschen und zerkleinern. Den Tofu in Stücke schneiden. Die Limette auspressen.

2 Das Öl in einem Topf erhitzen. Sellerie und Tofu darin andünsten. Den Apfelsaft und den ausgepressten Limettensaft zugießen und alles 5 Minuten dünsten.

3 Alles etwas abgekühlt in den Mixer geben und pürieren. Währenddessen die Sojasahne zufügen. Den Smoothie mit Salz und Muskat abschmecken und in Gläser füllen.

TIPP

Tun Sie was für Ihre Knochen: Soja enthält Phytoöstrogene, die das Osteoporose-Risiko mindern.

Vitaminreiche Smoothies

Gehen Sie fit ins Frühjahr mit Smoothies,

die Ihnen eine Extraportion Vitalstoffe liefern.

Ananas + Gurke

Ein schneller Smoothie, süß-säuerlich und sehr erfrischend. Sie müssen nicht unbedingt Milchreis kochen oder im Becher besorgen: Ein Löffelchen normaler gekochter Reis schmeckt genauso gut. Würzen Sie dann einfach mit etwas mehr Vanillezucker.

Zutaten für 2 Portionen
100 g frische Ananas · 100 g Salatgurke
2 EL Joghurt · 2 EL Milchreis
1–2 TL Vanillezucker · 150 ml Ananassaft
evtl. Kräuter oder Vanillemark zum Garnieren

1 Die Ananas schälen, die Gurke waschen. Beide Zutaten in Stücke schneiden. Mit dem Joghurt, dem Milchreis und dem Vanillezucker in den Mixer geben.

2 Den Smoothie pürieren und dabei den Ananassaft zugießen. In Gläser füllen, nach Wunsch mit einem Kräuterblättchen oder mit etwas Vanillemark garnieren und sofort servieren.

TIPP

Bei einer so dünnen Scheibe Ananas müssen Sie den faserigen Strunk in der Mitte nicht entfernen; der Smoothie wird trotzdem glatt püriert.

Mango + Kokos

Für 1 große oder 2 kleine Portionen
1 mittelgroße reife Mango · 1 Orange
100 g Zitronen- oder Vanilleeiscreme
2 EL Kokosmilch · 300 ml Kokoswasser
Zitronenmelisse zum Garnieren

1 Die Mango waschen, flach in die Hand legen und rundherum bis zum Kern einschneiden. Die Schale rundherum an der Oberseite abziehen und das Fruchtfleisch in Scheiben oder Spalten vom Kern schneiden.

2 Die Orange schälen und dabei auch die weiße Haut und die Kerne entfernen. Die Frucht würfeln.

3 Orangenwürfel und Mangostücke mit Eiscreme und Kokosmilch im Mixer pürieren. Das Kokoswasser während des Pürierens langsam zugießen. Den Smoothie in Gläser füllen und mit Zitronenmelisse garnieren.

INFO

ABWEHRSTARK!

Mangos gehören zu den Früchten mit besonders reichlich Beta-Karotin, das unser Immunsystem stärkt, was in der kalten Jahreszeit äußerst wichtig ist.

Birne + Zitrone

Für 1 große oder 2 kleine Portionen
2 reife Birnen · 1 kleiner Apfel
½ unbehandelte Zitrone
100 g Buttermilch · 2 TL Zucker oder Honig
150 ml Birnensaft
2 frische Minze- oder andere Kräuterzweige

1 Die Birnen und den Apfel waschen oder schälen und vierteln. Die Kerngehäuse nach Wunsch entfernen. Aus der Zitrone mit einem scharfen kleinen Messer möglichst alle Kerne herausholen. Dann die Frucht so schälen, dass auch die weißen Häutchen entfernt werden.

2 Die Früchte mit der Buttermilch und dem Zucker oder Honig im Mixer pürieren. Während des Mixvorgangs den Birnensaft zugießen. Den Smoothie in Gläser füllen und mit den Kräuterzweigen garnieren.

TIPP

Auch wenn Sie unbehandelte Zitrone nehmen, sollten Sie die Schale genau wie die Kerne entfernen, sonst schmeckt der Smoothie bitter. Für kräftiges Zitrusaroma können Sie zum Schluss mit etwas abgeriebener Zitronenschale würzen.

Cranberrys plus

Für 2 Portionen
2 EL Vanillejoghurt
200 g frische Cranberrys · 1 kleine Orange
1 EL Honig · 150 ml Möhren-Sanddorn-Saft (Flasche)
3 Eiswürfel · je 1 TL Vanillezucker und Zimt-Zucker
Melisseblättchen zum Garnieren

1 Den Joghurt auf 2 gekühlte Gläser verteilen. Die Cranberrys waschen. Die Orange wie einen Apfel schälen und dabei auch die weißen Häute entfernen. Die Frucht halbieren und alle Kerne entfernen.

2 Cranberrys mit den Orangen, dem Honig, dem Saft und dem Eis im Mixer pürieren. Mit Vanille- und Zimt-Zucker süßen, auf den Joghurt gießen und dekorieren.

FEINE BEEREN

INFO

Frische Cranberrys bekommen Sie im Herbst. Die Früchte halten die Blase gesund und helfen bei Entzündung: Wissenschaftler haben einen Wirkstoff entdeckt, der die Ausbreitung von Bakterien in Blase und Harnleiter hemmt. Außerhalb der Saison sollte man Cranberrysaft mit Wasser und Süßmittel gemischt regelmäßig trinken.

Vitamin-Blitz

Falls Sie mal ganz schnell einen Vitaminstoß brauchen –
hier ist der richtige Smoothie dafür. Für fruchtigeren
Geschmack nehmen Sie Orangensaft statt Gemüsesaft.

Zutaten für 1 Portion
1 Banane · 1 kleiner rotwangiger Apfel
200 ml heller Gemüsesaft · 1 Prise Zimtpulver

1 Die Banane schälen und in Stücke schneiden. Den
Apfel waschen und gut abreiben. In Achtel schneiden,
das Kerngehäuse nach Wunsch entfernen. Ein Stück
Apfel zur Dekoration aufbewahren.

2 Beide Früchte mit der halben Menge Gemüsesaft in
den Mixer geben und pürieren. Dabei den restlichen
Gemüsesaft zugießen. Mit Zimt würzen und mit einem
Apfelschnitz dekorieren.

INFO

GUT FÜR DEN KOPF

Quercetin in Äpfeln soll positiv auf die Gehirnzellen wir-
ken und vor degenerativen Erkrankungen wie Alzheimer
und Parkinson schützen. Phenolsäure, mit der Pflanzen
sich gegen Bakterien und Pilze wehren, wirkt bei uns
Menschen antikanzerogen (krebsabwehrend).

Möhren + Sharon

Ein schnell gemixter Smoothie mit viel Kalzium für gesunde Knochen.

Zutaten für 2 Portionen
2 Möhren
1 Sharonfrucht
250 ml Trinkjoghurt
Balsamessig zum Beträufeln

1 Die Möhren und die Sharonfrucht gründlich waschen und in Stücke schneiden. Dabei den Stielansatz der Sharon kreisförmig herausschneiden.

2 Beide Zutaten mit dem Trinkjoghurt im Mixer pürieren und in Gläser füllen. Auf jede Portion etwas Balsamessig träufeln.

INFO

GESUNDES INNENLEBEN

Reife Sharonfrüchte enthalten reichlich antikanzerogenes, zellschützendes Vitamin C und – genau wie Möhren – Beta-Karotin, das vor Umweltgiften und krebserregenden Stoffen schützt. Kaufen Sie möglichst Früchte, die schon ein bisschen weich sind – sie liefern am meisten Karotinoide.

Avocado + Clementine

Zutaten für 2 Portionen
2 Clementinen · 1 reife Avocado
150 g Kokosdrink natur
1 TL Honig · 1 Prise Salz
frisch geriebene Muskatnuss
1 kräftige Prise Cayennepfeffer

1 Clementinen schälen, entkernen und die weißen Häutchen abziehen. Die Früchte in Segmente teilen, zwei zur Dekoration beiseitelegen und in den Mixer geben.

2 Die Avocado halbieren, den Kern herauslösen und die Hälften schälen. Das Fruchtfleisch in Stücken zu den Clementinen geben. Die halbe Menge Kokosdrink zugeben und den Smoothie pürieren. Dabei den restlichen Kokosdrink zugießen.

3 Den Smoothie mit Honig, Salz, Muskat und Cayennepfeffer abschmecken, auf gut gekühlte Gläser verteilen und nach Wunsch mit Avocadoschnitzen garnieren.

TIPP

Besonders gut zum Pürieren eignet sich die Avocadosorte »Hass« mit ihrem cremigen Fruchtfleisch.

Banane + Johannisbeere

Zutaten für 2 Portionen
2 Bananen · 100 g Sahnejoghurt
1 Vanilleschote · 100 ml Johannisbeersaft
2 EL tiefgefrorene Johannisbeeren

1 Die Bananen schälen, in Stücke schneiden und mit dem Joghurt in den Mixer geben. Die Vanilleschote mit einem spitzen Messer der Länge nach aufschneiden, das Mark herauskratzen und zufügen.

2 Den Smoothie pürieren. Während des Mixvorgangs den Johannisbeersaft zugießen. Den Smoothie in Gläser füllen und mit den Johannisbeeren garnieren.

INFO

QUALITÄTSKONTROLLE

Damit Sie auch im Winter vitaminreiche Smoothies mixen und dabei möglichst viel Abwechslung ins Glas bringen können, brauchen Sie qualitativ hochwertige Obst- und Gemüsesäfte, die Sie in Reformhäusern, Naturkostläden und Apotheken bekommen. Diese Säfte sind nicht ganz billig, aber sehr konzentriert und deshalb auch recht sparsam im Verbrauch. Falls Sie selbst eingekochten Fruchtsaft haben – umso besser!

Ananas + Sauerkraut

Zutaten für 2 Portionen
½ Baby-Ananas
4–5 EL Sauerkrautsaft
150 ml Wasser
Schnittlauchhalme zur Deko

1 Die Ananas schälen, in Stücke schneiden und mit dem Sauerkrautsaft in den Mixer geben.

2 Mit dem Wasser pürieren und in vorbereitete Gläser geben. Nach Wunsch über jedes Glas einen Schnittlauchhalm legen.

INFO

SAFTIGE FRÜCHTCHEN

Reife Ananas duften stark, fühlen sich schwer an, weil sie sehr saftig sind, und tragen intensiv grüne Rosettenblätter.

Dagegen sagt die Farbe der Frucht nichts über die Reife aus, sondern ist sortenbedingt. Am besten schmecken Ananas, die als Zuladung per Flugzeug kommen, weil sie reif gepflückt werden. Häufig sind Flug-Ananas auch Sorten, die auf Geschmack und nicht vorwiegend auf Haltbarkeit gezüchtet werden.

Gurke + Kräuter + Feta

Zutaten für 2 Portionen
150 g Salatgurke
2 Handvoll Spinatblätter, Rucola und Minze gemischt
5 Salatblätter
1 Stück Fetakäse (etwa 50 g)
3 EL Joghurt
150 ml Gemüsefond (Glas) oder kalte Gemüsebrühe
½ TL Salz
Cayennepfeffer

1   Die Gurke waschen und für die Garnierung 2 hauchdünne Scheiben mit dem Sparschäler längs abschneiden. Ziehharmonikaförmig mit je einem gewaschenen Minzeblättchen auf Spießchen stecken.

2   Den Rest der Gurke in Stücke schneiden. Salat, Spinat, Rucola und die restliche Minze waschen und trockentupfen.

3   Diese Zutaten mit dem zerkrümelten Feta und dem Joghurt im Mixer pürieren. Währenddessen den Gemüsefond oder die Brühe zugießen.

4   Den Smoothie mit Salz würzen und in gekühlte Gläser füllen. Mit Cayennepfeffer bestreuen und die Gurkenspießchen über die Gläser legen.

Endiviensalat + Frischkäse

Selbstverständlich können Sie den Smoothie mit jedem Blattsalat zubereiten. Doch in der kalten Jahreszeit ist Endivie aromatischer als Kopfsalat.

Zutaten für 2 Portionen
6 Endiviensalatblätter
2 Handvoll Petersilien- und Basilikumblättchen gemischt
3 EL Rahmfrischkäse • 3 weiße Pfefferkörner
200 ml Mineralwasser
½ TL Salz • frisch geriebene Muskatnuss

1 Die Salatblätter, die Petersilie und das Basilikum waschen und trockentupfen. Mit einem scharfen Messer grob zerkleinern und in den Mixer geben.

2 Den Frischkäse und die Pfefferkörner zufügen und pürieren. Beim Pürieren das Mineralwasser zugießen.

3 Den Smoothie mit Salz und Muskatnuss abschmecken, in gekühlte Gläser füllen und kühl servieren.

TIPP

Besonders hübsch: Die Glasränder mit kaltem Wasser bestreichen und in fein zerkleinerte Kräuter stippen. Dann erst mit dem Smoothie füllen.

Gemüse + Schmant

Zutaten für 2 Portionen
200 g Brokkoli
100 ml Wasser · 1 EL Zitronensaft
1 Selleriestange
3 Zweige Petersilie
100 g Schmant
Salz
frisch gemahlener Pfeffer
frisch geriebene Muskatnuss
abgeriebene Bio-Zitronenschale
Zwiebelröhren zum Garnieren

1 Den Brokkoli waschen und grob zerkleinern. Mit dem Wasser und dem Zitronensaft in einem Topf aufkochen und etwa 2 Minuten kochen lassen.

2 Inzwischen die Selleriestange und die Petersilie waschen und zerkleinern. Beide Zutaten mit Brokkoli einschließlich Kochflüssigkeit und etwa ¾ der Schmantmenge in den Mixer geben.

3 Den Smoothie pürieren. Mit Salz, Pfeffer und Muskat würzen und in vorgewärmte Gläser füllen. Den restlichen Schmant auf den Portionen verteilen und mit etwas abgeriebener Zitronenschale bestreuen. Die Zwiebelröhren in die Smoothies stecken.

Sachregister

 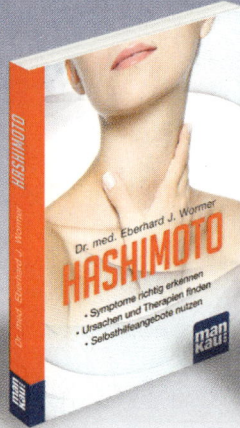